GALERIE

DES

CONTEMPORAINS ILLUSTRES,

PAR

UN HOMME DE RIEN.

> Laissons là les théories pour ce qu'elles valent. En histoire comme en physique, ne prononçons que d'après les faits.
> —CHATEAUBRIAND.—

53ᵉ LIVRAISON.

(5ᵉ du 5ᵉ vol.)

LARREY.

PARIS,

A. RENÉ ET Cⁱᵉ, IMPRIMEURS-ÉDITEURS,

Rue de Seine Saint-Germain, 32.

1842

LARREY

Imp. de Pernel

A. René et C.ⁱᵉ Édⁱˢ

LE BARON LARREY.

Quel homme, quel brave et digne homme que Larrey ! Que de soins donnés par lui à l'armée en Égypte, dans la traversée du désert, soit après Saint-Jean-d'Acre, soit en Europe. J'ai conçu pour lui une estime qui ne s'est jamais démentie. Si l'armée élève une colonne à la reconnaissance, elle doit l'ériger à Larrey.

NAPOLÉON. — *Relation de M. Marchand.*

Je lègue cent mille francs à Larrey ; c'est l'homme le plus vertueux que j'aie connu.

— *Testament de Napoléon.* —

« Si l'on vous disait, dit La Bruyère, que tous
« les chats d'un grand pays se sont assemblés par
« milliers dans une plaine, et qu'après avoir
« miaulé tout leur saoul ils se sont jetés avec
« fureur les uns sur les autres, et ont joué en-
« semble de la dent et de la griffe ; que de cette
« mêlée il est demeuré, de part et d'autre, neuf à
« dix mille chats sur la place, qui ont infecté l'air

« à dix lieues do là par leur puanteur, ne diriez-
« voûs pas : Voilà le plus abominable sabbat dont
« on ait jamais ouï parler ? Et si les loups en fai-
« saient autant, quels hurlements, quelle bou-
« cherie ! Et si les uns ou les autres vous disaient
« qu'ils aiment la gloire, concluriez-vous de ce
« discours qu'ils la mettent à se trouver à ce beau
« rendez-vous, à détruire ainsi et à anéantir leur
« propre espèce ? ou, après l'avoir conclu, ne ri-
« riez-vous pas de tout votre cœur de l'ingénuité
« de ces pauvres bêtes (1) ? »

Et si l'on vous disait, pour continuer la méta-
phore de La Bruyère en l'adaptant à mon sujet,
si l'on vous disait que, parmi tous ces animaux
miaulants ou hurlants, qui s'entre-déchiraient
avec fureur, l'on en a vu quelques-uns aller
tranquilles au milieu de la mêlée, exposés à re-
cevoir des deux côtés, sans les rendre, coups de
griffes et coups de dents, et uniquement occupés
à calmer les dernières convulsions des mourants,
à étancher le sang des blessés, à panser leurs
plaies, à raccommoder les pattes cassées, les yeux
arrachés, enfin à remédier de leur mieux à la

1) La Bruyère. — *Caractères.* Chap. XII. Des Jugements.

boucherie, ne diriez-vous pas : «Mais, parmi toutes ces vilaines bêtes, en voilà de bien estimables ; à coup sûr, s'il doit résulter quelque gloire de ce beau rendez-vous d'animaux furieux, c'est à ceux-ci qu'elle appartient.»

Or les hommes, animaux raisonnables, pour se distinguer de ceux qui ne se servent que de leurs dents et de leurs ongles, ont imaginé d'abord les piques, les dards, les sabres, puis les fusils, les canons, les bombes, les obus, tous moyens de s'exterminer plus sûrement, plus promptement, et avec plus de fracas. Il ne s'agit pas pour eux, quand ils se battent, de s'arracher les yeux ou de s'égratigner au visage, mais bien de se perforer réciproquement d'outre en outre, de se couper par morceaux, de se briser les membres, de se broyer la poitrine ou la tête ; et tandis qu'ils se massacrent ainsi par milliers dans une plaine, au son des trompettes, au roulement des tambours, au rugissement du canon, sous une pluie de fer et de feu, il y en a parmi eux qui courent dans les rangs, au plus fort du carnage, sans autre arme que des bistouris, des médicaments et de la charpie, ramassant ceux qui tombent, les soulageant, les pansant, les opérant sur le lieu même, au milieu des balles et des boulets ; puis les conduisant, couchés dans des voitures bien suspendues, derrière la ligne de bataille, pour les transférer ensuite dans l'hôpital le plus voisin, où ils leur continuent leurs soins jusqu'à la guérison.

Il semble, au premier abord, qu'après la victoire, quand il s'agit de distribuer la gloire, puisque gloire il y a, ceux-là devraient être les mieux partagés qui ont sauvé le plus de gens ; c'est le contraire qui arrive : les plus glorieux sont justement ceux qui en ont fait tuer davantage ; d'abord le général en chef, qui a conduit toute la masse à la boucherie ; puis les généraux qui ont perdu la moitié de leur division, les colonels dont les régiments ont été le plus maltraités, les capitaines qui ont mené leur compagnie à l'assaut d'une redoute et sont revenus avec une douzaine d'hommes, puis les officiers, sergents ou caporaux, suivant qu'ils ont plus ou moins perdu de leur peloton ou de leur escouade. Puis enfin l'on pense, si l'on y pense, à cette masse obscure d'officiers de santé, chirurgien en chef, chirurgiens-majors, aide-majors, sous-aide-majors, soldats infirmiers à pied et à cheval, qui tous ont exposé leur vie dans la bataille, en pansant, opérant ou ramassant les blessés sous le boulet, mais qui, malheureusement pour eux, n'ont eu l'avantage de tuer ni de faire tuer personne.

Dans cette inégale et injuste répartition de gloire, il y a pourtant quelques exceptions. Il est des hommes qui, chargés de cette ingrate fonction de *sauveur du soldat*, ont fait preuve d'un tel talent, d'un tel dévouement, d'une telle intrépidité ; ont pendant si longtemps, au milieu d'événements si terribles, rendu de si éclatants services à l'humanité, qu'ils ont su forcer l'histoire de s'occuper d'eux, et d'inscrire dans ses plus belles pages leur nom bienfaisant à côté des noms des plus illustres *tueurs* des temps anciens et des temps modernes.

Le baron Larrey est un de ces hommes et le premier de tous. Tant qu'il restera souvenir icibas des grandes choses de la République et de l'Empire, le nom de Larrey ne périra pas. Et, en effet, quelle noble, quelle admirable existence que celle de cet homme, attaché par la Providence aux

pas de Napoléon pour disputer à la mort le co-
pieux festin que l'infatigable conquérant apprête
et renouvelle sans cesse ! Du Midi au Nord, de
l'Occident à l'Orient, du Danube à l'Ebre, des
sables de l'Égypte aux neiges de la Russie, Napoléon, poussé comme Attila par une force in-
connue, va semant sa longue route de débris
sanglants ; derrière lui marche Larrey, autre
instrument de Dieu : après l'instrument de co-
lère, l'instrument de miséricorde ; Larrey à la
suite de Napoléon ; Larrey palpant les cadavres,
pour chercher en eux et ranimer, s'il la trouve,
une dernière étincelle de vie, s'agenouille auprès des blessés au milieu du carnage , par des
torrents de pluie, dans la boue, sur la neige ; et
tandis que deux aides tiennent un manteau étendu
sur ce groupe, les balles sifflent, un obus éclate
à vingt pas de là , et Larrey impassible promène
sur d'affreuses plaies un fer habile et sauveur.
Quelquefois, seul auprès d'un blessé, Larrey,
interrompu par une charge de cavaliers ennemis, emporte son blessé sur ses épaules, et se
sauve à cinquante pas dans un fossé ou dans
un bois, où il achève tranquillement l'opéra-

tion. Dans les déserts de l'Égypte, les hommes tombent épuisés d'inanition et de fatigue ; Larrey arrive, les relève, leur distribue les cordiaux qu'il porte toujours sur lui, et les rend au courage et à la vie. Lorsqu'une terrible contagion décime l'armée, Larrey se prodigue et se multiplie pour la combattre ; si c'est la famine qui sévit au milieu d'un dénûment absolu de toutes choses, Larrey invente des procédés de salut, et sert à ses chers blessés un bouillon réparateur, fait avec de la viande de cheval assaisonnée de poudre à canon, cuite dans le pectoral d'une cuirasse, au feu d'un tas d'herbes sèches ou d'ossements. Mitraille, famine, contagion, fatigue, Larrey brave tout ; cette âme d'élite ne fut jamais accessible qu'à une seule crainte : celle de laisser périr un homme faute de secours.

Entrons maintenant dans les détails d'une vie qui n'est qu'un long dévouement.

C'est dans le département des Hautes-Pyrénées, dans un petit village nommé Beaudéan, à un quart de lieue de Bagnères-de-Bigorre, que naquit en 1766 Jean-Dominique Larrey. Plusieurs biographes, et même M. Breschet, dans le discours prononcé aux funérailles de son illustre confrère de l'Institut, se sont trompés en disant que le jeune Larrey perdit de bonne heure son père et sa mère ; il perdit son père seulement, et fut élevé avec une grande tendresse par sa mère, qui lui fut conservée jusqu'à la Restauration. Un digne prêtre, l'abbé de Grasset, curé de Beaudéan, charmé de la gentillesse et de la vivacité de l'enfant, se chargea de sa première instruction ; et l'homme qui devait passer ses jours au milieu des scènes les plus terribles, habituer son oreille, ses yeux et son âme au spectacle affreux et incessamment renouvelé d'une population de mourants, débuta dans la vie par les plus paisibles fonctions. Élevé, comme le petit Joas, à l'ombre du sanctuaire, il présentait au curé de Beaudéan *l'encens* ou *le sel*, parait de fleurs le modeste autel du village, et mêlait sa voix pure aux chants religieux des paysans béarnais : il était enfant de chœur. Après bien des années, en 1834, le bon curé de Beaudéan, vieillard plus que nonagénaire, a eu la joie de presser dans ses bras, avant de mourir, l'illustre chirurgien en chef de la Grande-Armée ; il a retrouvé son disciple en cheveux blancs,

couvert de gloire, chamarré de décorations, mais
conservant, sous une enveloppe bronzée par le
fer et le feu, cette âme bonne, cet esprit jeune,
cette sensibilité délicate, cette fraîcheur inalté-
rée d'impressions qui distinguaient l'enfant de
chœur à cet âge heureux où il puisait dans les
leçons du pasteur les premières notions du bien
et du beau.

A treize ans, le jeune Larrey se sépara de sa
mère et de son curé pour aller à Toulouse étu-
dier l'art de guérir, sous les auspices et la direction de son oncle, M. Alexis Larrey, chirurgien-
major et professeur à l'hôpital général de cette
ville. Après huit ans de travaux, partagés entre
les études classiques au collége de l'Esquile et
les études professionnelles aux écoles de chirurgie
et de médecine de Toulouse, il forma le projet
de se rendre, pour compléter son éducation, à
Paris, où il arriva en août 1787. On venait à ce
moment même d'ouvrir un concours pour un
nombre déterminé de places de chirurgiens auxi-
liaires de la marine; le jeune Larrey aimait les
voyages, il se laissa tenter par l'idée de courir le
monde, se mit sur les rangs, obtint une des pla-

ces proposées, et partit aussitôt pour le port de Brest, à pied, en touriste amateur, visitant les ruines, s'extasiant devant les paysages, et s'arrêtant deux jours à la Trappe pour pleurer sur les romanesques infortunes du comte de Comminges et d'Adélaïde. Il arriva enfin à sa destination, subit un deuxième examen, d'après lequel il devait être classé définitivement, fut nommé à vingt et un ans chirurgien-major des vaisseaux du roi, et bientôt embarqué en cette qualité, au mois d'avril 1788, sur la frégate *la Vigilante*, qui faisait voile pour l'Amérique septentrionale, avec mission de séjourner plus particulièrement à l'île de Terre-Neuve pour y protéger la pêche de la morue.

Après six mois d'une navigation souvent pénible, entremêlée de dangers et d'aventures, après avoir subi tempêtes et coups de vent, supporté la faim, la soif, guéri son équipage atteint du scorbut, recueilli des naufragés sur des bancs de glace, étudié les procédés curatifs des Esquimaux, dont il fera plus tard une application heureuse sur un illustre maréchal, le jeune chirurgien-major rentra dans le port de Brest le 31 octobre

1788, heureux de n'avoir pas perdu un seul homme par maladie.

Aussitôt débarqué Larrey sollicita son licenciement pour aller continuer ses études à Paris : il l'obtint avec peine, tant le conseil de santé de Brest, instruit des preuves nombreuses de talent et de zèle qu'il avait données, tenait à le garder dans la marine. Il partit enfin, revint à Paris au commencement de 1789, suivit à l'Hôtel-Dieu les cours de chirurgie clinique de Desault, les cours de Sabatier à l'hôtel des Invalides, comme chirurgien interne, et se prépara à la longue et glorieuse carrière qu'il allait parcourir, en soignant les premières victimes de nos discordes civiles, les blessés de la Bastille et du Champ-de-Mars.

Quand la guerre eut été déclarée par la France à l'Autriche, après la formation de trois armées sur nos frontières du Nord, Larrey, attaché en qualité d'aide-major (chirurgien-major des hôpitaux) à l'armée du Rhin, commandée par le vieux maréchal Luckner, arriva au quartier général, à Strasbourg, le 1er avril 1792.

Chargé de la direction chirurgicale d'une division commandée par Custines, Larrey, dès les premiers engagements, fut frappé de l'organisation vicieuse des ambulances. D'après les règlements militaires, les ambulances devaient se tenir constamment à une lieue de l'armée. On laissait les blessés sur le champ de bataille pendant toute la durée de l'action, puis on les portait à bras, ou sur des fusils, dans un local favorable, où l'ambulance se rendait aussi promptement que possible : mais la quantité d'équipages et d'hommes interposés entre elle et l'armée la retardait au point qu'elle n'arrivait jamais avant vingt-quatre heures, quelquefois même trente-six heures, de sorte que la plupart des blessés périssaient faute de secours administrés à temps.

Larrey conçut dès-lors le plan d'une ambulance capable de suivre tous les mouvements de l'avant-garde, à l'instar de l'artillerie volante; il avait d'abord imaginé de faire porter les blessés sur des chevaux garnis de bats et de paniers convenables; mais l'expérience lui fit bientôt connaître l'insuffisance de ce moyen, et, favorisé par l'adhésion de Custines et la coopération zélée du

commissaire général Villemanzy, il ne tarda pas
à organiser un système de voitures suspendues,
réunissant à la commodité la légèreté et la soli-
dité, propres à suivre sur le terrain même toutes
les évolutions de l'armée, pouvant contenir, com-
modément couchés, dans toute leur longueur,
sur un matelas, les unes deux blessés, les autres
quatre. Chacune de ces voitures, accompagnée
d'un officier de santé et d'infirmiers à cheval, se
portant sur tous les points du champ de bataille,
permettait le pansement immédiat et l'enlève-
ment rapide des blessés, aussitôt transportés dans
les hôpitaux de première ligne.

Ce système d'ambulances, connu sous le nom
d'*ambulances volantes*, établi d'abord à l'armée
du Nord, fut successivement étendu aux autres
armées françaises : adopté aujourd'hui par la plupart des puissances de l'Europe, il est devenu un
des plus beaux titres de gloire de son illustre
fondateur.

C'est dans un combat obscur livré aux Autri-
chiens par l'avant-garde de Custines, dans un dé-
filé des montagnes d'Oberüchel, que Larrey fit
l'essai de son système, et que l'on vit pour la pre-

mière fois un chirurgien panser des blessés au milieu du feu.

« Ce combat, dit Larrey, avait fait d'abord sur moi une vive impression ; mais la jouissance intérieure que me causa l'idée du service éminent que venait de rendre aux blessés ma nouvelle institution parvint bientôt à éloigner les sentiments qui m'affectaient, et depuis ce moment j'ai toujours vu avec calme les combats et batailles auxquels j'ai assisté (1). »

Quelle différence pourtant entre ce courage facile du combattant, échauffé par l'ardeur du combat, et cette froide intrépidité du chirurgien

(1) *Mémoires de chirurgie militaire et campagnes de D.- J. Larrey*, t. I, p. 67. En ouvrant pour la première fois cet ouvrage de l'illustre chirurgien, qui se compose de cinq volumes, je m'attendais à une lecture peu attrayante pour un homme étranger à la chirurgie. Je n'ai pas été médiocrement étonné de me sentir entraîné à dévorer ces cinq volumes avec une véritable avidité. Outre que la partie technique est écrite avec une clarté, une simplicité qui la rendent accessible même aux gens du monde, la partie historique abonde en détails curieux qu'on ne trouve pas ailleurs. Le style négligé, mais facile et naturel de l'auteur, ajoute à l'importance de ses observations et à l'intérêt de ses récits ce parfum de bonne foi qui transmet, pour ainsi dire, au lecteur l'impression fidèle du moment et du lieu. Les campagnes d'Égypte et de Russie sont sous ce rapport d'une vérité saisissante. — Je considère la lecture de cet ouvrage du baron Larrey comme indispensable à quiconque voudra connaître à fond l'histoire militaire de la République et de l'Empire.

militaire, obligé de braver la mort sans la donner!

La bataille meurtrière livrée le 22 juillet 1793 devant Mayence valut à Larrey une première mention honorable au *Moniteur*.

« Parmi les braves, disait le général Beauharnais dans son bulletin à la Convention, parmi les braves dont l'intelligence et l'activité ont servi brillamment la république dans cette journée, je ne dois pas laisser ignorer le chirurgien-major Larrey, avec ses camarades de l'*ambulance volante*, dont les infatigables soins dans le pansement des blessés ont diminué ce qu'un pareil jour a d'affligeant pour l'humanité, et ont servi l'humanité elle-même en contribuant à conserver les braves défenseurs de la patrie. »

Beauharnais suivit bientôt Custines à l'échafaud. L'armée du Rhin fut réunie à celle de la Moselle, sous le commandement en chef de Hoche, et Larrey, attaché avec son ambulance à l'avant-garde, commandée par Desaix, se lia avec ce noble soldat d'une amitié que la mort devait cruellement briser à Marengo. Dans le cours de ces deux campagnes, le jeune chirurgien, en opérant sans cesse sur le champ de bataille, eut occasion de se convaincre de la nécessité de l'amputation immédiate, lorsqu'elle est indiquée. Cette opinion était contraire aux préceptes établis par les chirurgiens les plus renommés, notamment Faure et Bilguer. Larrey prépara les éléments d'un Mémoire, publié plus tard, dans lequel il a victorieusement démontré l'erreur de Faure et ses dangereuses conséquences : sa doctrine, étayée d'un millier d'observations, a aujourd'hui complétement prévalu.

A cette même époque, en cherchant à se rendre compte des effets mortels produits quelquefois par le boulet sans aucune marque de lésion extérieure, effets attribués jusque-là au violent déplacement de l'air, Larrey fut conduit à reconnaître que l'intégrité extérieure et apparente du cadavre était toujours accompagnée d'énormes lésions intérieures, produites par l'action immédiate du projectile.

A la fin de cette campagne du Rhin, Larrey, légèrement blessé dans les lignes de Wissembourg, fut envoyé à Paris par les généraux et les représentants du peuple pour y organiser complétement son nouveau système d'*ambulances volantes*, et en faire établir de semblables dans les autres armées. Mais la Convention ayant résolu une expédition contre la Corse, Larrey,

nommé chirurgien en chef de cette expédition, re-
çut presque aussitôt l'ordre de partir pour Toulon. Il profita néanmoins de son court séjour à
Paris pour accomplir des vœux formés depuis
longtemps en épousant, dans cette même année
1794, Mlle Laville-Leroux, l'une des filles de
l'ex-ministre des finances sous Louis XVI. L'expédition contre la Corse n'ayant pu avoir lieu à
cause des fortes croisières anglaises, Larrey,
après avoir passé quelque temps à l'armée des
Alpes-Maritimes, fut envoyé à celle des Pyré-
nées-Orientales, où il arriva pour assister au
trépas glorieux de Dugommier, mort dans ses bras,
la poitrine déchirée par un obus, à l'assaut meur-
trier de Figuères. Les sept cents blessés que pro-
duisit cet assaut d'abord infructueux furent presque tous opérés et pansés dans les premières
douze heures. Enfin la forteresse fut prise, et,
tandis que les soldats français, depuis longtemps
affamés et dénués de tout, couraient aux provisions
de guerre et de bouche, tandis que les généraux
s'occupaient du trésor, le modèle des chirurgiens
militaires s'extasiait devant un autre genre de
conquêtes.

« Je n'ai jamais vu, dit-il, de si beaux magasins d'ambulance; la toile à pansement était comme de la batiste, et la charpie aussi fine que le *byssus*..... Cette charpie avait été préparée et disposée en petits paquets, liés avec des faveurs de différentes couleurs, par la reine d'Espagne et les dames de la cour. »

Quelle joie pour Larrey de mettre la main sur une aussi belle part de prise ! Aux autres les sacs de piastres, à lui les paquets de charpie fine, liés avec des faveurs roses. Et voilà comment Larrey vécut et mourut pauvre, tandis qu'autour de lui se préparaient des fortunes de Crésus.

Après la conclusion de la paix avec l'Espagne, le jeune chirurgien en chef fit un nouveau voyage à Paris, pour rétablir sa santé délabrée, fut bientôt renvoyé à Toulon, en attendant le départ de l'expédition pour la Corse, départ indéfiniment ajourné, puis enfin rappelé à Paris, pour occuper une place de professeur à l'Ecole militaire de santé, que l'on venait d'établir au Val-de-Grâce. Tandis qu'il y professait avec un grand succès l'anatomie, Bonaparte demanda au ministre de la guerre de lui envoyer au plus vite le créateur des *ambulances volantes*, dont il désirait utiliser le talent au profit de son armée.

Larrey partit le 1er mai 1797 ; il trouva la campagne d'Italie déjà terminée : Bonaparte venait de signer les préliminaires de paix à Leoben. Après avoir visité les provinces conquises, inspecté les hôpitaux, institué dans diverses villes des écoles de chirurgie, porté remède à une épizootie qui dévastait les campagnes du Frioul, Larrey organisa son *ambulance volante*, formant une légion de trois cent quarante individus, tant officiers de santé que sous-officiers et soldats. La légion se décomposait en trois divisions, et à chaque division étaient attachées douze voitures. Bonaparte fut très-satisfait des manœuvres et évolutions de cette nouvelle légion chirurgicale, et comme il prévoyait sans doute que Larrey serait l'homme du monde auquel il donnerait le plus d'occupation, il résolut dès lors de l'attacher à sa fortune. En effet, quelques mois après, au moment où Larrey de retour à Paris venait de reprendre son cours, il fut nommé chirurgien en chef de l'armée dite d'Angleterre, et le 19 mai 1798, à la tête de cent huit chirurgiens, choisis parmi les plus instruits et les plus courageux, il s'embarqua pour cette terre d'Egypte où l'attendaient tant de fatigues, tant de dangers, et où il devait déployer tant de courage et tant de dévouement. Toujours présent à sa place de bataille, au milieu des soldats que sa vue suffisait à encourager, en leur offrant l'espoir certain d'un prompt secours en cas de blessure, à Alexandrie, à Chebreisse, aux Pyramides, à Jaffa, à Saint-Jean-d'Acre, aux deux batailles d'Aboukir, à Héliopolis, partout enfin où la mort l'appelait au combat, on vit l'intrépide Larrey accourir à son appel, pour lui arracher sous le feu généraux, officiers et soldats.

Mais la mort ne se contentait pas de moissonner sur le champ de bataille; elle apparaissait partout, sous toutes les formes. Blessés, pestiférés et malades, il fallait suffire à tous; improviser ambulances, remèdes, moyens de pansement; suppléer par les inventions les plus ingénieuses à tout ce qui manquait; fouiller au péril de sa vie dans les cadavres des pestiférés pour y chercher le secret de la contagion; suspendre les blessés aux flancs des chameaux et des chevaux, pour leur faire traverser le désert; veiller à la santé de l'armée, en garnison comme en campagne; purifier les hôpitaux, maintenir la propreté, assaînir par tous les moyens possibles des aliments de mauvaise qualité ; enfin, tenir tête à tous les fléaux réunis : telle fut la mission noblement remplie durant quatre ans par Larrey. Dans la seule expédition de Syrie, en deux mois de temps, à Jaffa et à Saint-Jean-d'Acre, dix-sept chirurgiens ou officiers de santé et onze pharmaciens payèrent de leur vie leur noble ardeur à suivre l'exemple de leur chef. Pendant la première bataille d'Aboukir, Larrey opérait sous les yeux de Bonaparte le général Fugières, atteint d'une blessure jugée mortelle, et qui, se croyant à sa dernière heure, offrit à son chef, en souvenir de lui, un damas précieux garni en or. « Je l'accepte, répondit Bonaparte, mais c'est pour le donner à l'homme qui va vous sauver la vie.» Et sur la lame il fit graver en or ces deux noms : *Aboukir, Larrey* (1).

Quand Bonaparte quitta son armée pour venir renverser le Directoire, Larrey resta à son poste

(1) Le général Fugières fut en effet sauvé ; mais Larrey n'a pu transmettre à ses enfants le gage glorieux de l'estime de Bonaparte. Ce sabre précieux fut, quinze ans plus tard, dans le grand désastre de Waterloo, enlevé par des soldats prussiens à l'illustre chirurgien blessé et prisonnier.

et continua jusqu'au bout son œuvre de dévouement : au milieu de toutes les fatigues de sa vie, il trouva encore du temps à donner à d'ingénieuses observations sur le climat, les productions du sol et les mœurs de l'Egypte, à des travaux pleins d'intérêt sur les maladies endémiques du pays ; une partie de ces travaux a trouvé sa place dans le grand ouvrage de l'Institut sur l'Egypte ; l'autre figure dans les Mémoires de Larrey, entremêlés de dissertations curieuses sur les effets produits par les mille moyens de destruction inventés par l'homme.

Jusqu'à Larrey il existait plusieurs blessures généralement considérées comme désespérées : les plaies d'armes à feu aux articulations étaient dans ce cas. L'amputation du bras à l'épaule était jugée inutile presque toujours ; mais on considérait surtout comme une chimère la possibilité du succès de l'amputation coxo-fémorale, c'est-à-dire de l'extirpation de la cuisse à sa jonction avec le tronc. Larrey, partant de ce principe que le devoir du chirurgien est de lutter contre la mort jusqu'au dernier moment, après avoir obtenu de nombreux succès dans l'amputation du bras à l'articulation avec l'épaule, dans l'amputation des deux cuisses au même blessé, des deux jambes, des deux bras, Larrey résolut d'entreprendre cette terrible opération de l'extirpation de la cuisse. Les trois premières tentatives, faites en Egypte, ne réussirent pas; mais, outre qu'elles eurent l'avantage d'adoucir l'agonie des blessés, qu'on laissait mourir jusque-là dans des souffrances horribles, tandis que l'amputation leur rendit au moins le calme, sinon la vie, l'insuccès fut dû à des causes purement accidentelles. Dans les campagnes postérieures Larrey fut plus heureux ; Napoléon ne le laissa pas manquer de sujets, et l'amputation coxo-fémorale a été décidément introduite par lui dans la pratique de l'art.

Enfin l'évacuation de l'Egypte par nos armées permit à l'illustre chirurgien en chef de revenir dans sa patrie chercher un peu de repos après tant de fatigues; chargé des fonctions de chirurgien en chef de la garde des consuls, Larrey s'occupa d'abord de publier sa *Relation chirurgicale de l'armée d'Orient*. Mais il ne devait pas chômer longtemps ; Bonaparte, devenu empereur, le rappela bientôt sur le champ de bataille. Les campagnes d'Ulm et d'Austerlitz, les campagnes de Saxe et de Prusse, la campagne de Pologne, la première et la deuxième campagne d'Espagne, enfin la brillante et rapide campagne de Wagram, virent Larrey et ses ambulances volantes acquérir sans cesse de nouveaux titres à la reconnaissance de l'armée. Il ne se donna pas une grande bataille sans Larrey; il n'y eut pas, dans la garde impériale, une seule blessure grave qui ne passât par ses mains, et presque tous nos généraux blessés lui durent ou la conservation de leur vie, ou l'adoucissement de leur agonie.

Durant la terrible bataille d'Eylau, Larrey avait été obligé d'établir son quartier général à une centaine de toises de la mêlée, dans des granges au toit défoncé, ouvertes à tous les vents, et où la neige tombait à gros flocons. Les blessés arrivaient par centaines; on les couchait sur des débris de paille parsemés de neige. Les instruments échappaient aux mains des chirurgiens, engourdies par le froid; mais leur chef, puisant dans sa philanthropie une ardeur surnaturelle, restait seul debout, actif, infatigable, au milieu des cris de souffrance, courant, prompt comme l'éclair, d'un blessé à l'autre, sans autre distinction que la gravité de la blessure, passant d'une amputation à une suture, d'une suture à un trépan, d'un trépan à une extraction de balle, d'une extraction de balle à un pansement compliqué, enfin arrêtant partout d'une main ferme la douleur et la mort. Mais voilà que tout à coup l'aile droite de l'ennemi fait un mouvement pour déborder notre gauche ; une colonne russe menace de se jeter sur l'ambulance. Un désordre affreux se met parmi les blessés ; ceux qui peuvent marcher cherchent à s'enfuir, les autres se traînent vers toutes les issues en s'efforçant de les suivre. Larrey, qui achevait de couper une jambe, voit ce désordre, cette terreur ; il s'élance au-devant des blessés, les rassure, leur déclare que, quoi qu'il arrive, leur situation sera respectée, que lui et ses élèves sont prêts à mourir plutôt que de quitter leur poste ; et aidé d'un peloton de soldats infirmiers il contient les plus vigoureux, rétablit l'ordre, continue sa besogne, tandis qu'une charge de notre cavalerie refoule la colonne russe et repousse le danger.

Tel était Larrey à Eylau ; tel il avait été à Austerlitz, à Iéna ; tel il fut en Espagne et à Wagram. C'est dans cette dernière campagne qu'après avoir opéré avec succès une douzaine de généraux, il eut la douleur de voir son zèle et son talent échouer contre la blessure mortelle du duc de Montebello, déjà sauvé par lui en Espagne une première fois (1).

Après avoir été fait commandeur de la Légion-d'Honneur, sur le champ de bataille d'Austerlitz, Larrey, créé baron de l'Empire à Wagram, rentra en France pour reprendre son service de chirurgien en chef de la garde. Jouissant enfin d'un repos bien mérité après tant de fatigues, il venait de publier, au commencement de 1812, les trois premiers volumes de ses Mé-

(1) Le maréchal, en descendant rapidement une montagne de glace, avait fait une chute affreuse ; son cheval était tombé sur lui ; tout son corps était couvert d'ecchymoses ; l'inflammation des organes intérieurs était imminente. — Larrey se rappela que, durant sa première campagne maritime de Terre-Neuve, il avait vu des Esquimaux sauver des matelots jetés à la côte et meurtris en les enveloppant dans des peaux d'animaux fraîchement écorchés. Il se détermina à envelopper le corps du maréchal dans la peau d'un énorme mouton écorché vif, et au bout de cinq jours le maréchal fut en état de remonter à cheval.

moires, quand il fut appelé à mettre le sceau à
sa gloire au milieu de la plus grande catastrophe
militaire que le monde ait jamais connue. Le 12
février 1812, nommé par un décret de l'empereur chirurgien en chef de la Grande-Armée, le
baron Larrey partit pour Mayence, où était fixé
le rendez-vous du quartier général. Six mois
après, une superbe armée de quatre cent mille
hommes passait le Niémen ; Larrey suivait, à la
tête d'un régiment de chirurgiens et de nombreux
fourgons d'ambulance. Encore six mois, et de
ces quatre cent mille hommes il n'en restera pas
trente mille ; et Larrey, isolé au milieu de cette
masse confuse, exténué lui-même de faim, de fatigue et de froid, traînant par la bride le dernier
cheval qui lui reste, la barbe et les cils ornés de
glaçons en forme de stalactites, et n'ayant con-
servé de tous ses équipages qu'un thermomètre
pendu à sa boutonnière, qui marque 28 degrés au-
dessous de zéro, reparaîtra sur la frontière prussienne, où il aura, comme il dit, *le bonheur* de
faire, pour la première fois depuis Moscou, un
repas complet, et de coucher dans un lit.

Sur les bords de la Moskowa, Larrey, privé de

la plupart de ses chirurgiens et de ses caissons
d'ambulance, qui sont restés à Smolensk, reçoit
l'ordre de se préparer aux résultats d'une grande
bataille. Ce fut en effet la plus sanglante de toutes
celles de l'Empire. Depuis six heures du matin
jusqu'au soir, six cent mille hommes, pourvus de
deux mille pièces d'artillerie, se massacrèrent
sur un espace d'une lieue carrée de terrain. Les
Russes perdirent près de trente mille hommes,
les Français près de vingt mille ; quarante généraux français furent tués ou blessés dans cette
fameuse journée. Larrey, après avoir pris un chirurgien dans chaque régiment, établit son ambulance générale au centre même de la ligne de
bataille. Il y eut dix mille blessés, dont les deux
tiers passèrent par l'ambulance générale. Obligé de
se charger seul de toutes les opérations difficiles,
Larrey pratiqua, dans les premières vingt-quatre
heures, plus de deux cents amputations d'un ou de
deux membres ; mais paille, couvertures, charpie,
linge à pansement, subsistances, tout manquait.
Il fallut encore avoir recours à la viande de
cheval pour faire du bouillon aux blessés, et la
plupart de ces malheureux, sauvés avec tant

de peine, périrent plus tard dans la retraite.

Je ne décrirai point ici cette longue marche de Moscou à la frontière prussienne, où chaque régiment français laisse un cadavre à chaque pas. Larrey trouva dans son énergie morale et dans sa robuste constitution, non-seulement la force de résister lui-même, mais encore celle d'encourager et de soutenir sans cesse, par tous les moyens en son pouvoir, ce vaste troupeau d'hommes engourdis et démoralisés. On connaît les scènes affreuses du passage de la Bérésina. Avant la rupture des ponts, Larrey avait déjà passé sur l'autre rive, quand, s'apercevant qu'il a oublié dans le désordre des caisses d'instruments de chirurgie nécessaires aux blessés, il repasse sur la rive droite. C'est à ce moment qu'un des ponts est rompu, et que la foule, poussée par les boulets russes, se précipite vers l'autre pont. Entraîné dans le mouvement et étouffé, Larrey va périr; il se nomme, il est reconnu, et à l'instant ces soldats, que le désespoir rend furieux, ces soldats capables de marcher sur le cadavre de leurs généraux, et dont le plus fort foule aux pieds le plus faible, tressaillent au nom chéri de Larrey, s'écartent pour faire place à l'homme qui fut si longtemps leur providence ; et, transporté de main en main, Larrey se trouve, à sa grande surprise, sur le pont ; il le passe, et, quelques instants après, ce pont se brise sous les pieds de la multitude.

Les dernières années de l'Empire trouvèrent Larrey aussi dévoué aux jours des revers qu'aux jours des triomphes; après Lutzen et Bautzen, il ne craignit pas de tenir tête à l'empereur lui-même, pour défendre l'honneur d'une foule de blessés qu'on accusait de s'être volontairement mutilés (1). A Dresde, à Leipzig, à Hanau, en 1814, dans les mille combats de la mémorable campagne de France, Larrey se montra le même; au moment du départ de l'empereur pour l'île d'Elbe, il voulait l'accompagner. « Vous appartenez à l'armée, M. Larrey, lui répondit Napoléon ; vous devez la suivre : ce n'est pas sans regret que je me sépare de vous. » — « Cependant, dit Larrey, après le

(1) On trouve les détails de ce fait si honorable pour Larrey dans le *Mémorial de Sainte-Hélène*. Napoléon, digne appréciateur de cette noble franchise, en récompensa Larrey par un don de 6,000 francs et une pension de *trois mille francs* sur l'État.

départ de mon illustre protecteur, miné par une mélancolie noire, j'avais formé le projet d'aller le rejoindre dans son île, quand j'appris son retour inattendu. » Il fallut de nouveau courir à l'ennemi. Après la défaite de Waterloo, Larrey, forcé de suivre le mouvement de retraite, marchait à la tête de sa petite légion chirurgicale quand il fut coupé par un corps de lanciers prussiens. Croyant ce corps peu nombreux, il veut forcer le passage, et se précipite sur l'ennemi, le sabre en main, avec sa troupe; mais son cheval s'abat, atteint d'une balle, et lui-même, frappé de deux coups de sabre, à la tête et à l'épaule, tombe sans connaissance. Pendant que les ennemis poursuivent ses compagnons, il revient à lui et se traîne jusqu'aux bords de la Sambre; là, enveloppé par un nouveau corps de cavalerie prussienne, il est obligé de se rendre prisonnier. On le dépouille de ses vêtements, de ses armes et de sa bourse; sa taille, son teint, et une redingote grise qu'il portait, lui donnant quelque ressemblance avec Napoléon, on le conduit comme tel à un général prussien, qui le fait conduire en cette même qualité auprès d'un autre officier général. Ce dernier, certain et furieux de la méprise, ordonne que ce malencontreux prisonnier soit fusillé sur-le-champ. Les soldats préparaient leurs armes ; un chirurgien-major prussien s'approche pour bander les yeux au patient... Tout à coup il reconnaît le célèbre chirurgien français dont il suivait les leçons de clinique à Berlin ; il s'empresse de solliciter la suspension de l'ordre barbare, et l'on conduit Larrey auprès du général Bulow, qui l'envoie à son tour chez le généralissime Blücher, dont il avait sauvé le fils dans la campagne d'Autriche. Blücher le fait habiller, lui donne de l'argent, et le dirige sur Louvain, où il put enfin se faire soigner de ses deux blessures. Larrey, à son retour à Paris, le trouva pour la seconde fois souillé par l'invasion.

Les premières années de la Restauration furent pour lui très-pénibles ; considéré comme un des plus dévoués partisans de Napoléon, il fut privé de son titre et de ses émoluments d'inspecteur général du service de santé militaire, perdit à la fois sa dotation, ses pensions et son revenu de la Légion-d'Honneur ;

il ne conserva sa place de chirurgien en chef de
l'hôpital de la garde que parce qu'on sentit la
difficulté de le remplacer, et parce qu'on craignit de mécontenter la garde royale, qui lui
était très-attachée.

Ayant toujours dédaigné la fortune, le baron
Larrey ne s'effraya pas de la pauvreté; il refusa
de brillantes propositions que lui faisaient les sou-
verains étrangers, ne voulant pas se séparer de
son pays et de ses chers soldats. Une loi lui rendit, en 1818, la pension de 3,000 fr. accordée
par l'empereur Napoléon après Bautzen, et qui
lui avait été enlevée. Ce témoignage d'honorable
justice lui donna plus de courage encore pour
continuer ses travaux; il rédigea le quatrième
volume de ses campagnes, écrivit son grand ouvrage de *Clinique chirurgicale*, et fut appelé,
en 1829, à succéder au professeur Pelletan à
l'Académie des Sciences.

La révolution de juillet vit Larrey toujours
fidèle à sa mission d'honneur et de philanthropie;
non content de prodiguer ses soins, durant les
trois jours, à tous les blessés, sans distinction de
drapeaux, il sut, par la fermeté de sa parole,

repousser une troupe furieuse qui assiégeait l'hôpital du *Gros-Caillou*, en proférant contre les blessés de la garde des menaces de mort. Après un voyage en Belgique pour organiser les ambulances de l'armée belge, il revint à Paris occuper les fonctions de chirurgien en chef de l'hôtel des Invalides. Nommé en même temps membre de la commission centrale de salubrité publique de Paris, il eut bientôt à lutter contre le choléra; il combattit avec succès le fléau à Paris, et fut chargé d'aller le combattre dans les provinces où il exerçait ses ravages; partout il se montra le même, intrépide, infatigable et dévoué jusqu'à l'abnégation la plus complète.

Après tant de travaux, l'illustre chirurgien aurait sans doute aimé à terminer ses jours au milieu de ces quatre mille braves dont il était adoré, et dont les trois quarts au moins avaient reçu ses soins sur le champ de bataille; mais la destinée en décida autrement. Dans sa sollicitude pour ses vieux camarades, Larrey ne se bornait pas à les soigner dans l'état de maladie, il prétendait encore les maintenir en état de santé; il les suivait dans tous les détails de leur régime de vie, et rien de ce qui les touchait ne lui était étranger. De là plusieurs conflits avec l'administration de l'hôtel, à la suite desquels Larrey, voyant que les abus étaient plus forts que lui, se détermina à prendre sa retraite.

Il venait de pleurer sur les restes glorieux de son empereur, quand il se sentit pris d'un vif désir de revoir des tentes arabes, et ce soleil d'Afrique qui devait lui rappeler les beaux jours de sa jeunesse. Le maréchal Soult lui ayant proposé une mission en Algérie, il l'accepta et partit avec joie, malgré ses soixante-seize ans. Au retour, dans le trajet d'Alger à Toulon, une affection de poitrine déjà ancienne s'aggrava subitement ; il arriva pourtant jusqu'à Lyon, où la mort l'atteignit dans les bras de son fils, le 25 juillet 1842 ; et le même jour Mme Larrey, la noble compagne de sa longue vie, expirait à Bièvre, dans les bras de sa fille (1).

« De taille peu élevée, mais d'une vigoureuse et saine complexion, Larrey, dit un de ses confrères, M. Sédillot,

(1) L'illustre chirurgien laisse un digne héritier de son talent et de son nom dans la personne de son fils, M. Hippolyte Larrey, très-jeune encore, et déjà professeur au Val-de-Grâce et agrégé à la Faculté de médecine de Paris.

avait les traits doux et réguliers, le visage ovale, les yeux un peu saillants, le crâne remarquablement développé, et d'environ 590 millimètres de circonférence, comme celui de Napoléon. »

En terminant ici cette esquisse incomplète d'une vie si remplie de belles actions et de travaux nombreux, qui placeront dans les annales de la science chirurgicale le nom de Larrey à côté de ceux d'Ambroise Paré et de Petit, il ne me reste plus qu'à répéter ce vœu déjà exprimé par la presse entière : que la pensée de Napoléon soit réalisée par le gouvernement, ou sinon par la France ; que cette colonne à la reconnaissance dont parlait l'empereur ne manque pas à Larrey ; que nos vétérans voient s'élever au milieu d'eux l'image de celui qui fut leur père et leur sauveur sur tant de champs de bataille ; qu'enfin la mémoire le l'homme le plus *activement* VERTUEUX de ce siècle soit éternisée par un monument digne de lui.

Tous les personnages éminents de l'époque, en France et à l'étranger, figurent dans cette galerie, qui paraît par livraisons de 36 à 52 pages grand in-18. Chaque livraison, est accompagnée d'un beau portrait.

L'ouvrage entier se compose de 120 livraisons et forme 10 volumes contenant chacun 500 pages de texte, 12 biographies et 12 portraits.

NOTICES PUBLIÉES.

1er VOLUME.

MM. Thiers, Soult, de Chateaubriand, Laffitte, Guizot, de Lamartine, Berryer, de La Mennais, Dupin (aîné), Béranger, Odilon-Barrot, Victor Hugo.

2e VOLUME.

MM. Arago, George Sand, de Broglie, de Cormenin, Wellington, Molé, Ingres, Metternich, Alfred de Vigny, Mohammed-Aly, Ibrahim-Pacha, Garnier-Pagès.

3e VOLUME.

MM. O'Connell, Meyerbeer, Mauguin, Scribe, Mickiewicz, Espartero, Ballanche, Bernadotte, de Balzac, lord Palmerston, Augustin Thierry, Rossini.

4e VOLUME.

MM. Robert Peel, Silvio Pellico, Royer-Collard, le maréchal Moncey, Martinez de la Rosa, lord John Russell, Casimir Delavigne, Duperré, Schlegel, Horace Vernet, l'archiduc Charles, Villemain.

5e VOLUME.

MM. Lafayette (3 livr.), lord Brougham, Larrey, de Humboldt, Cousin, Lacordaire, Nothomb, Marmont, Tieck, Gay-Lussac.

Le prix de chaque livraison est de 35 centimes à Paris, et 45 centimes par la poste.

Les personnes qui souscrivent d'avance pour 12 livraisons les reçoivent *franco* à domicile, au prix de 4 fr. 20 cent. pour Paris, et 5 fr. 40 cent. pour les départements.

PRIX DE CHAQUE VOLUME, BROCHÉ,

A Paris, 4 fr.; par la poste, 5 fr.